タイトル		できた度			タイトル		できた度		
1	かたかな ①	☆	☆☆	☆☆☆	21	国語じてん ①	☆	☆☆	☆☆☆
2	かたかな ②	☆	☆☆	☆☆☆	22	国語じてん ②	☆	☆☆	☆☆☆
3	かなづかい ①	☆	☆☆	☆☆☆	23	国語じてん ③	☆	☆☆	☆☆☆
4	かなづかい ②	☆	☆☆	☆☆☆	24	国語じてん ④	☆	☆☆	☆☆☆
5	ようすを表すことば ①	☆	☆☆	☆☆☆	25	ことわざ ①	☆	☆☆	☆☆☆
6	ようすを表すことば ②	☆	☆☆	☆☆☆	26	ことわざ ②	☆	☆☆	☆☆☆
7	合わせことば ①	☆	☆☆	☆☆☆	27	ローマ字 ①	☆	☆☆	☆☆☆
8	合わせことば ②	☆	☆☆	☆☆☆	28	ローマ字 ②			
9	主語・じゅつ語 ①	☆	☆☆	☆☆☆	29	ローマ字 ③			
10	主語・じゅつ語 ②	☆	☆☆	☆☆☆	30	ローマ字 ④			
11	くわしくする ことば ①	☆	☆☆	☆☆☆	31	同じ漢字のちがう読み ①	☆	☆☆	☆☆☆
12	くわしくする ことば ②	☆	☆☆	☆☆☆	32	同じ漢字のちがう読み ②	☆	☆☆	☆☆☆
13	文をつなぐことば ①	☆	☆☆	☆☆☆	33	同じ漢字のちがう読み ③	☆	☆☆	☆☆☆
14	文をつなぐことば ②	☆	☆☆	☆☆☆	34	同じ漢字のちがう読み ④	☆	☆☆	☆☆☆
15	こそあことば ①	☆	☆☆	☆☆☆	35	じゅく語づくり ①	☆	☆☆	☆☆☆
16	こそあことば ②	☆	☆☆	☆☆☆	36	じゅく語づくり ②	☆	☆☆	☆☆☆
17	ふつう、ていねいな言い方 ①	☆	☆☆	☆☆☆	37	じゅく語づくり ③	☆	☆☆	☆☆☆
18	ふつう、ていねいな言い方 ②	☆	☆☆	☆☆☆	38	じゅく語づくり ④	☆	☆☆	☆☆☆
19	慣用句	☆	☆☆	☆☆☆	39	じゅく語づくり ⑤	☆	☆☆	☆☆☆
20	、と。と「 」の使い方	☆	☆☆	☆☆☆	40	送りがな ①	☆	☆☆	☆☆☆

タイトル		できた度			タイトル		できた度		
41	送りがな　②	☆	☆☆	☆☆☆	61	ご石をのんだ八ちゃん①	☆	☆☆	☆☆☆
42	送りがな　③	☆	☆☆	☆☆☆	62	ご石をのんだ八ちゃん②	☆	☆☆	☆☆☆
43	送りがな　④	☆	☆☆	☆☆☆	63	ご石をのんだ八ちゃん③	☆	☆☆	☆☆☆
44	送りがな　⑤	☆	☆☆	☆☆☆	64	羊かいの話①	☆	☆☆	☆☆☆
45	漢字のしりとり　①	☆	☆☆	☆☆☆	65	羊かいの話②	☆	☆☆	☆☆☆
46	漢字のしりとり　②	☆	☆☆	☆☆☆	66	羊かいの話③	☆	☆☆	☆☆☆
47	漢字のしりとり　③	☆	☆☆	☆☆☆	67	幸福の王子①	☆	☆☆	☆☆☆
48	漢字のしりとり　④	☆	☆☆	☆☆☆	68	幸福の王子②	☆	☆☆	☆☆☆
49	同じ読みの漢字	☆	☆☆	☆☆☆	69	雪だるま①	☆	☆☆	☆☆☆
50	なかまのことば	☆	☆☆	☆☆☆	70	雪だるま②	☆	☆☆	☆☆☆
51	反対の意味の漢字　①	☆	☆☆	☆☆☆	71	カップめん３分のひみつ	☆	☆☆	☆☆☆
52	反対の意味の漢字　②	☆	☆☆	☆☆☆	72	カはなぜ人をさすのか？	☆	☆☆	☆☆☆
53	形がにている漢字　①	☆	☆☆	☆☆☆	73	カブトムシの角	☆	☆☆	☆☆☆
54	形がにている漢字　②	☆	☆☆	☆☆☆	74	コアラはなぜ長い時間ねむるのか	☆	☆☆	☆☆☆
55	部首　①	☆	☆☆	☆☆☆	75	たこやきができたのは	☆	☆☆	☆☆☆
56	部首　②	☆	☆☆	☆☆☆	76	「でたらめ」は何からできた？	☆	☆☆	☆☆☆
57	漢字　①	☆	☆☆	☆☆☆	77	一番多くたまごを生む魚	☆	☆☆	☆☆☆
58	漢字　②	☆	☆☆	☆☆☆	78	犬がしっぽをふる時は？	☆	☆☆	☆☆☆
59	漢字　③	☆	☆☆	☆☆☆	79	凸凹は記号？漢字？	☆	☆☆	☆☆☆
60	漢字　④	☆	☆☆	☆☆☆	80	食パンとよぶ理由は？	☆	☆☆	☆☆☆

毎日5分間でやる気脳に

このドリルは、国語の基礎・基本を
細かいステップで組み立ててあり、
短時間で、順を追って無理なく学習できます。
子どもたちが興味を持って取り組めるよう
短い内容でのせています。

お子さんが1ページやり終えるごとに、
しっかりほめてあげてください。

ほめられることで脳から
ドーパミン（脳のホルモン）が出て、
「やる気が育つ」ことが
科学的に確認されています。

「5分間国語ドリル」で、
やる気脳を育てましょう！

「ドリルをする」
→
「ほめられる」
→
「ドーパミンが出る」
→
「やる気が育つ」

この循環で、子どもの脳はきたえられ、
かしこくなっていきます。
そうなるように工夫して、このドリルを
作りました。

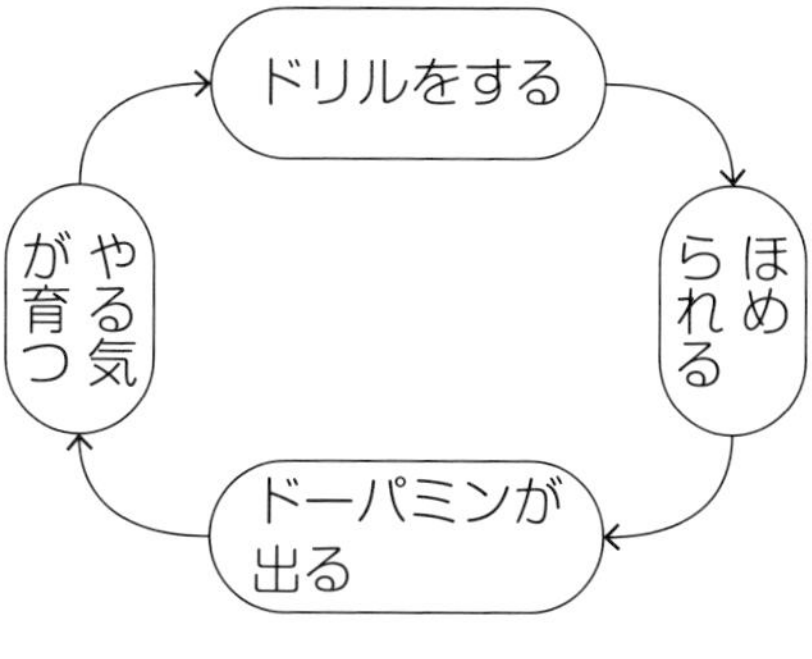

5分間国語ドリルの特色

一日5分、集中してできる

子どもたちが興味を示しそうな内容を短い文章・設問にしたので、楽しく取り組めます。

毎日続けられる

家庭学習の習慣がつきます。

丸つけも、かんたん

問題数が少ないので、丸つけも負担になりません。

つまった問題は、もう一度挑戦してください。

月　日

1 かたかな ①

ひらがなを、かたかなに直して書きましょう。のばす音は｜にします。

① きゃんぷ［　］に行って　ばあべきゅう［　｜　｜］をする。

② しゃつ［　］の　ぼたん［　］がとれた。

③ ばすけっとぼおるくらぶ［　］に兄は入っている。

④ 公園には、しいそう［　］と　じゃんぐるじむ［　］がある。

2 かたかな ②

次《つぎ》のことばを［　］からえらんで、かたかなで書きましょう。

① 外国の国や土地の名前
（　　　　）（　　　　）

② 外国の人の名前
（　　　　）（　　　　）

③ 外国からきた言葉
（　　　　）（　　　　）

④ 物音《ものおと》や動物《どうぶつ》の鳴き声
（　　　　）（　　　　）

びゅうびゅう
いたりあ
らんどせる
ふぁあぶる
ばいおりん
にゅうよおく
にゃあにゃあ
えじそん

月　日

3 かなづかい ①

次《つぎ》の文で、正しい方を□に書きましょう。

① きょう□（は・わ）、な□（は・わ）とびをします。なかに□（は・わ）□（え・へ）行きましょう。

② どうぶつ□（え・へ）ん□（え・へ）行って、□（は・わ）にの□（は・わ）□（お・を）見てごらん。

③ □（お・を）とうとの□（お・を）こったか□（お・を）□（お・を）見た。

④ 手□（お・を）あらってから、□（お・を）やつ□（お・を）食べる。

⑤ おかあさんのか□（は・わ）りに、ぼくが、妹をようち□（え・へ）んに、むか□（え・へ）に行った。

月　日

4 かなづかい ②

次《つぎ》の文で、正しい方に○を書きましょう。

① 先生の言った（　）とおり（　）とうり に（　）どおぐ（　）どうぐ を（　）かたづけた。（　）かたずけた。

② （　）はなじ（　）はなぢ が出たので、（　）こおり（　）こうり でひやした。

③ 夏休みが終《お》わると（　）とうく（　）とおく の町に（　）かえり（　）かへり ます。

④ （　）きのう（　）きのお、（　）づかんで、（　）ずかん（　）おおかみ（　）おうかみ のことを調《しら》べた。

⑤ 駅前《えきまえ》（　）どうり（　）どおり は（　）おおく（　）おうく の人がいました。

5 ようすを表すことば ①

次《つぎ》の文で、正しい方に○を書きましょう。

① たいこの音が（　）ドーンドーン／（　）カンカン とひびき、むねに（　）じっと／（　）ぐっと きた。

② 赤ちゃんが（　）すやすや／（　）しんしん とねむっているのを見て、みんなも（　）にやにや／（　）にっこり しました。

③ へやは、（　）きちんと／（　）しっかりと かたづけられ、（　）きらきら／（　）ぴかぴか でした。

④ しっぱいをおそれず（　）どんどん／（　）こつこつ やってみましょう。

6 ようすを表すことば ②

月　日

（　）に合う、ようすを表すことばを［　］からえらんで書きましょう。

① ビー玉が（　　）転《ころ》がる。

② 雨が（　　）ふりだした。

③ 水たまりに（　　）入る。

④ ドアが（　　）としまる。

⑤ ドアのかぎを（　　）とかける。

⑥ ねこが（　　）のどを鳴らす。

⑦ 家で一日中、（　　）していた。

⑧ たき火が（　　）と、音をたててもえる。

ころころ
ぽつぽつ
バシャバシャ
パチパチ
だらだら
カシャッ
バタン
ゴロゴロ

月　日

7 合わせことば ①

次《つぎ》のことばを組み合わせたり分けたりして、ことばを書きましょう。

1 〈れい〉おる＋かみ（紙）↓おりがみ

① 近い＋道↓（　　）

② あめ（雨）＋水↓（　　）

③ 山＋登《のぼ》る↓（　　）

④ 戸＋しめる↓（　　）

2 〈れい〉雨上がり↓（雨）＋（上がる）

① 草かり↓（　　）＋（　　）

② やきいも↓（　　）＋（　　）

③ かざ（風）向《む》き↓（　　）＋（　　）

④ 落《お》ちば（葉）↓（　　）＋（　　）

8　合わせことば　②

次《つぎ》のことばを組み合わせたり、分けたりしてことばを書きましょう。

1 〈れい〉歩く＋始《はじ》める　→（歩き始める）

①　とぶ＋はねる　→（　　）

②　言う＋まちがう　→（　　）

③　なく＋さけぶ　→（　　）

④　待《ま》つ＋受《う》ける　→（　　）

2 〈れい〉おりたたむ→（おる）＋（たたむ）

①　消《け》し止《と》める　→（　　）＋（　　）

②　書きわすれる　→（　　）＋（　　）

③　ふり落《お》とす　→（　　）＋（　　）

④　打《う》ち勝《か》つ　→（　　）＋（　　）

月　日

9 主語・じゅつ語 ①

次《つぎ》の文で、主語《しゅご》には——を、じゅつ語には～～を引きましょう。

〈れい〉急《きゅう》に 雨が ふり出した。

① せみが、朝から 鳴いている。

② きのう、おじいちゃんは いなかに 帰りました。

③ ぼくの 弟は、ダンスが とくいだ。

④ 電気《でんき》自動車《じどうしゃ》は、電気で 走る 車です。

⑤ くつの ひもが、いつのまにか ほどけていた。

10 主語・じゅつ語　②

次《つぎ》の文の、主語《しゅご》は□、じゅつ語は□に書きましょう。

〈れい〉姉の　しゅみは、旅行《りょこう》です。

しゅみは　旅行です

① ゴリラは、さるの　なかまだ。

② わたしの　大こう物《ぶつ》は、ハンバーグです。

③ ねったい魚が、ひらひらと泳《およ》いでいた。

④ 空き地に　新しい　家が　たった。

⑤ 音楽室から、ピアノの　音が　ひびいてきた。

11 くわしくする ことば ①

次《つぎ》の□のことばを、くわしくすることば（修飾語《しゅうしょくご》）を、記号《きごう》で答えましょう。

〈れい〉㋐子犬が ㋑ワンワン ［ほえる］。（㋑）

① ㋐おじいさんは ㋑野球《やきゅう》チームの ［かんとくです］。（　）

② ㋐妹は ㋑ハムスターに ㋒えさを ［あげた］。（　）と（　）

③ ㋐ぼくは ㋑ていねいに ㋒漢字《かんじ》を ［書いた］。（　）と（　）

④ ㋐ライオンの ［赤ちゃんは］ ㋑ねこに ㋒にています。（　）

⑤ ㋐駅前《えきまえ》の ㋑大きな ［ビルは］ ㋒いつ ㋓できましたか。（　）と（　）

月　日

12 くわしくする　ことば　②

次《つぎ》の［　］のことばを、くわしくしていることばに——を引きましょう。

〈れい〉白い　雲が　ゆっくりと　［流《なが》れていく］。

① わたしは、図書館《としょかん》に　［行きました］。

② 兄は、サッカークラブの　［キャプテンです］。

③ みごとな　［花火が］、夜空に　打ち上がった。

④ あまくて　おいしい　［すいかは］、どれかな。

⑤ 小さな　赤い　［魚たちは］、どこへ　行ったの？

13 文をつなぐことば ①

次《つぎ》の文で、正しい方に○を書きましょう。

① 日曜日は雨だった。
（　）それで
（　）それでも
山登《やまのぼ》りは中止になった。

② 転《ころ》んで、けがをした。
（　）だから
（　）しかし
さいごまで走りきった。

③ カレーを食べますか。
（　）それでは
（　）それとも
サンドイッチを食べますか。

④ 山下さんは、勉強《べんきょう》もスポーツもできる。
（　）しかも
（　）しかし
親切だ。

⑤ 大きな声で歌った。
（　）そして
（　）すると
気持《きも》ちがすっきりした。

月　日

14 文をつなぐことば ②

（　）に合うことばを［　］からえらんで書きましょう。

①ねぼうして、ちこくをしてしまった。（しかも）こんなに大事《だいじ》なテストの日に。

②休みの日は、動物園《どうぶつえん》に行こうか。（　　）水族館《すいぞくかん》に行こうか。

③あのパン屋《や》さんの食パンは、おいしくて安《やす》い。（　　）すぐに売り切れる。

④あの店のケーキは高い。（　　）とてもおいしくて、見ばえもよい。

⑤もうすぐ駅《えき》に着《つ》きます。（　　）バスに乗《の》って、おしろまで行きます。

だから
けれども
しかも
それとも
それから

月　日

15 こそあどことば ①

（　）に合うことばを［　］からえらんで書きましょう。

① 去年《きょねん》の夏休みに海に行ったね。（　）日のことをおぼえていますか。

② ぼくのとなりのいすが空いているよ。（　）へおいでよ。

③ きのう、プリントをわたしました。（　）を持って来てね。

④ ちゅう車場は、いっぱいだ。（　）へ車をとめようか。

⑤ 友だちをなかま外れにするなんて。（　）ことはゆるせない。

あの　そんな　どこ　それ　ここ

16 こそあどことば ②

次《つぎ》の――が指《さ》していることばを、◯でかこみましょう。

〈れい〉もうすぐ七夕《たなばた》だ。この日は、おりひめと ひこ星《ぼし》が、一年に一度《いちど》だけ 会える。

① 弟は、すなおだ。そこが いいところだね。

② 向《む》こうに 赤い つり橋《ばし》が 見えるね。あそこまで 行ってみよう。

③ たくさんの 本を かりてきた。どれから 読もうかな。

④ 花が きれいに さきました。これを へやに かざってみよう。

⑤ おじいちゃんが 入院《にゅういん》する そうだ。そうなると さびしくなるね。

月　日

17 ふつう、ていねいな言い方 ①

次《つぎ》の――のことばを、ていねいな言い方に直しましょう。

〈れい〉テーブルの上に、読みかけの本をおく。
↓
（おきます）

① 日曜日に、兄のサッカーのし合《あい》のおうえんに行く。
↓
（　　　）

② セミのせい虫《ちゅう》は、数週間しか生きられないそうだ。
↓
（　　　）

③ あすまでに、作文を書き上げることはできない。
↓
（　　　）

④ 父も、姉も、めがねをかけている。
↓
（　　　）

⑤ ここで引き返《かえ》した方がよいのかもしれない。
↓
（　　　）

18 ふつう、ていねいな言い方 ②

1 次《つぎ》の——のことばを、ふつうの言い方に直しましょう。

〈れい〉水とうを公園にわすれてきました。↓（わすれてきた）

① 海がめの赤ちゃんを見ました。↓（　　）

② まだ、二重《にじゅう》とびが、できません。↓（　　）

③ 姉は、中学生です。↓（　　）

④ いっしょに行きましょう。↓（　　）

2 次の——のことばを、ていねいな言い方に直しましょう。

① 新しいくつは、走りやすい。↓（　　）

② 母は、りょう理がとくいだ。↓（　　）

③ 犬とねこのどちらがすきか。↓（　　）

④ ここでは、しずかにしよう。↓（　　）

19 慣用句

（　）に合うことば慣用句《かんようく》を、［　］からえらんで記号《きごう》を書きましょう。

① このクイズは、むずかしくて（　　）。

② 毎日同じことを注意《ちゅうい》されて（　　）。

③ （　　）ほど歩いて、つかれました。

④ わたしの家と学校は（　　）です。

⑤ リレーのせん手《しゅ》になれなくて（　　）。

㋐ 手も足も出ない
㋑ かたを落《お》とす
㋒ 目と鼻《はな》の先
㋓ 足がぼうになる
㋔ 耳がいたい

20 、と。と「　」の使い方

① 次《つぎ》の文が㋐と㋑の意味《いみ》になるように、点（、）を書きましょう。

㋐ ひっ死《し》で追《お》いかけたのは、ぼく

ぼくはひっ死でにげる弟を追いかけた。

㋑ ひっ死《し》でにげたのは、弟

ぼくはひっ死でにげる弟を追いかけた。

② 次の文に、「。」と。をつけて書きましょう。

わたしが、小さな声で、ごめんなさいと言うと、母がにっこりして、だいじょうぶよと言った。

	「		「	

21 国語じてん ①

1 国語じてんで、出てくるじゅんに番号《ばんごう》を書きましょう。

① （　）あじ　（　）はまち　（　）かつお　（　）たい

② （　）はしる　（　）かける　（　）あるく　（　）とぶ

③ （　）やね　（　）やま　（　）やど　（　）やぶ

2 国語じてんで、先に出てくる言葉《ことば》に○をつけましょう。

① （　）からす　（　）ガラス

② （　）こばん　（　）ごはん

③ （　）ほし　（　）ほしい

④ （　）かげ　（　）がけ

⑤ （　）じしん　（　）しじん

⑥ （　）ぼたん　（　）ボタン

22 国語じてん ②

次《つぎ》の――のことばを、言い切りの形に直しましょう。

〈れい〉まどガラスをわってしまいました。→（わる）

① つめたい風がふいてきた。→（　　）

② よく考えれば、すぐわかるよ。→（　　）

③ こまったことがあれば、いつでも言ってね。→（　　）

④ 友だちが転校《てんこう》すると、さびしくなるね。→（　　）

⑤ 山のちょう上で、思い切りさけぼう。→（　　）

月　日

23 国語じてん ③

1 国語じてんで、先に出てくる方に○をつけましょう。

①
（　）ちず
（　）チーズ

②
（　）じけん
（　）じっけん

③
（　）ゆうしょう
（　）ゆうしゅう

④
（　）クラス
（　）グラス

⑤
（　）しゅうかん
（　）しゅんかん

⑥
（　）べんとう
（　）へんとう

2 国語じてんで、出てくるじゅんに番号《ばんごう》を書きましょう。

①
（　）はらはら
（　）ぱらぱら
（　）ばらばら
（　）ばりばり

②
（　）かいがい
（　）かいかい
（　）がいかい
（　）かいがん

③
（　）ポーズ
（　）ホール
（　）ボール
（　）ポール

月　日

24 国語じてん ④

次《つぎ》の「つく」に合う意味《いみ》を、［　］からえらんで記号《きごう》で書きましょう。

① 木のえだでそっとつく。（　）

② もち米をむしてから、つく。（　）

③ バスを乗《の》りついで、やっとつく。（　）

④ 紙にのりがつく。（　）

⑤ 姉は、よく気がつく。（　）

⑥ 旅行《りょこう》かん係《けい》の仕事《しごと》につく。（　）

⑦ かれの弱点をつく。（　）

⑧ 勝負《しょうぶ》がつく。（　）

ア とう着《ちゃく》する　イ 意《い》しきがはたらく
ウ まとまる　エ 役《やく》に身《み》をおく
オ せめる　カ 細長い物《もの》の先を当てる
キ くっつく　ク きねやぼうで強く打《う》っておしつぶす

25 ことわざ ①

次《つぎ》のことわざと同じ意味《いみ》のことわざを、［　］からえらんで記号《きごう》を書きましょう。

① 念《ねん》には念を入れる （　）

② さるも木から落《お》ちる （　）（　）

③ ねこに小判《こばん》 （　）（　）

④ 泣《な》き面《つら》にはち （　）

⑤ かもがねぎをしょって来る （　）

㋐ 傷口《きずぐち》に塩《しお》

㋑ 弘法《こうぼう》にも筆《ふで》の誤《あやま》り

㋒ 石橋《いしばし》をたたいてわたる

㋓ ぶたに真珠《しんじゅ》

㋔ かっぱの川流《なが》れ

㋕ 馬の耳に念仏《ねんぶつ》

㋖ たなから　ぼたもち

月　日

26 ことわざ ②

次《つぎ》の□に合う数字を、漢字《かんじ》で書きましょう。また、そのことわざの意味《いみ》を□からえらんで書きましょう。

① □《せん》里《り》の道も□《いっ》歩から（　）

② □《さん》人寄《よ》れば文殊《もんじゅ》の知恵《ちえ》（　）

③ □《なな》転《ころ》び□《や》起き（　）

④ □《ひゃく》聞《ぶん》は□《いっ》見《けん》にしかず（　）

⑤ □《に》兎《と》を追《お》う者《もの》は□《いつ》兎《と》をも得《え》ず（　）

㋐ 何度《なんど》しっぱいしても、くじけずにがんばること

㋑ ちがった二つのことを同時にしようとすれば、どちらもせいこうしない

㋒ どんなに大きな事業《じぎょう》も、地道な一つ一つの作業から始《はじ》まる

㋓ 何度も人の話を聞くよりも、自分の目で一度見る方がたしかである

㋔ とくに頭のよい者《もの》でなくても、三人集《あつ》まって相《そう》談《だん》すればよい知恵がうかぶ

月　日

27 ローマ字 ①

次《つぎ》のローマ字を読んで、ひらがなで書きましょう。

① ari
(　　　)

② saru
(　　　)

③ kuri
(　　　)

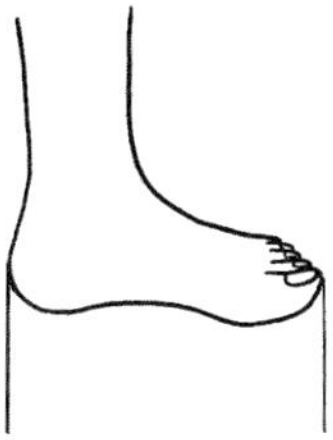

④ asi
(　　　)

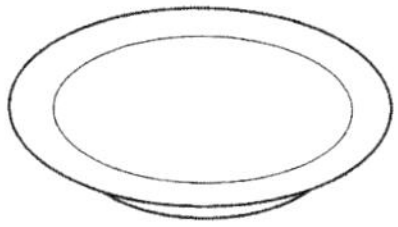

⑤ sara
(　　　)

⑥ kusuri
(　　　)

⑦ tako
(　　　)

⑧ gyûnyû
(　　　)

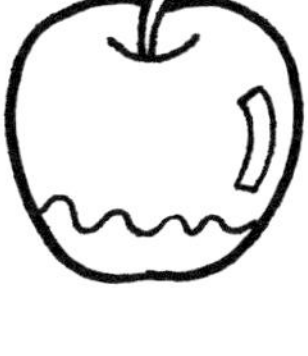

⑨ ringo
(　　　)

⑩ taiko
(　　　)

⑪ panda
(　　　)

⑫ gorira
(　　　)

月　日

28 ローマ字　②

次《つぎ》のことばをローマ字で書きましょう。

① つくえ

tukue

② がっこう

gakkô

③ まつり

maturi

④ えんぴつ

⑤ けしごむ

⑥ にんじん

⑦ とびばこ

⑧ おんがく

⑨ しんぶん

⑩ ゆうき

⑪ チーズ

⑫ うめぼし

月　　日

29 ローマ字 ③

次《つぎ》のローマ字を読んで、ひらがなで書きましょう。

① ninzya
（　　　）

② ningyo
（　　　）

③ kappa
（　　　）

④ koppu
（　　　）

⑤ tyûsya
（　　　）

⑥ tyokorêto
（　　　）

⑦ gakkyû
（　　　）

⑧ syôbôsya
（　　　）

⑨ kinka
（　　　）

⑩ senbei
（　　　）

⑪ kin'iro
（　　　）

⑫ sen'en
（　　　）

⑬ kon'yaku
（　　　）

⑭ konnyaku
（　　　）

⑮ ten'in
（　　　）

月　日

30 ローマ字 ④

次《つぎ》のことばをローマ字で書きましょう。

① じゅんばん　② りょこう　③ きっぷ

④ きゅうきゅうしゃ　⑤ しっぽ　⑥ ジュース

⑦ ちょきん　⑧ いろがみ　⑨ しゃかい

地名や名前は、１文字目を大文字で書きましょう。

⑩ にっぽん
Nippon

⑪ ひろしまけん
Hirosima-ken

⑫ さいとう　りか
Saitô Rika

⑬ たばた　しょう
Tabata Syô

月　日

31 同じ漢字のちがう読み ①

次《つぎ》の漢字《かんじ》の読みがなを、（　）に書きましょう。

①
- 悪い（　）
- 悪人（　）

②
- 体育（　）
- 育つ（　）

③
- 水泳（　）
- 泳ぐ（　）

④
- 開会（　）
- 開く（　）

⑤
- 野球（　）
- 地球（　）

⑥
- 起立（　）
- 起きる（　）

⑦
- 曲がる（　）
- 曲線（　）

⑧
- 係員（　）
- 関《かん》係（　）

⑨
- 幸運（　）
- 幸い（　）

月　　日

32 同じ漢字のちがう読み ②

次《つぎ》の漢字《かんじ》の読みがなを、（　）に書きましょう。

① 文化祭（　　）　村祭り（　　）

② 親指（　　）　指す（　　）

③ 虫歯（　　）　永《えい》久《きゅう》歯（　　）

④ 写真（　　）　写す（　　）

⑤ 住所（　　）　住む（　　）

⑥ 消火（　　）　火消し（　　）

⑦ 神社（　　）　女神（　　）

⑧ 整理（　　）　整える（　　）

⑨ 相手（　　）　手相（　　）

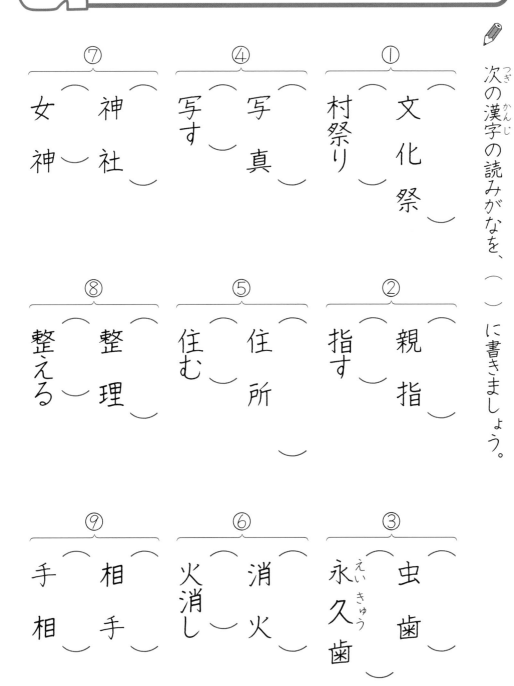

33 同じ漢字のちがう読み ③

次《つぎ》の漢字《かんじ》の読みがなを、（　）に書きましょう。

①
打者（　）
打つ（　）

②
着実（　）
着物（　）

③
短調（　）
調べ（　）

④
中庭（　）
校庭（　）

⑤
豆まき（　）
大豆（　）

⑥
平等（　）
等しい（　）

⑦
心配（　）
心配り（　）

⑧
反対（　）
反る（　）

⑨
表面（　）
表す（　）

34 同じ漢字のちがう読み ④

次《つぎ》の漢字《かんじ》の読みがなを、（　）に書きましょう。

①
勝負（　　）
負う（　　）

②
放水（　　）
放つ（　　）

③
目薬（　　）
薬草（　　）

④
遊具（　　）
遊び場（　　）

⑤
落葉（　　）
落ち葉（　　）

⑥
流氷（　　）
流れ星（　　）

⑦
緑茶（　　）
緑色（　　）

⑧
練習（　　）
練る（　　）

⑨
回転（　　）
転ぶ（　　）

35 じゅく語づくり ①

矢じるしの向《む》きに漢字《かんじ》を合わせると、じゅく語ができます。□に入る漢字を［　］からえらんで書きましょう。

①

開↓□
幸→□→命
□↓送

②

界↑□
農→□←商
□↓種

③

庭↑□
筆→□←薬
□↓入

④

動↑□
高→□→線
□↓長

業　箱　波　運

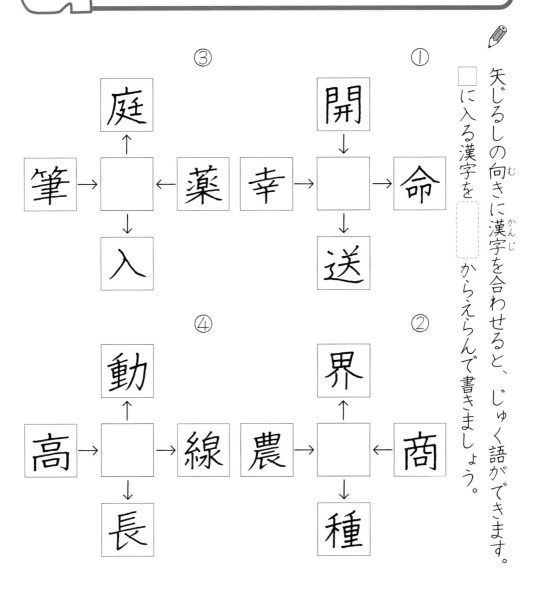

月　日

36 じゅく語づくり ②

矢じるしの向《む》きに漢字《かんじ》を合わせると、じゅく語ができます。
□に入る漢字を［　］からえらんで書きましょう。

①

薬 → □
長 → □
足 → □
□ → 気

②

急 → □
□ → 院
□ → 死
□ → 気

③

□ → 息
□ → 声
□ → 血
□ → 歌

④

集 → □
□ → 物
□ → 台
□ → 車

湯　荷　病　鼻

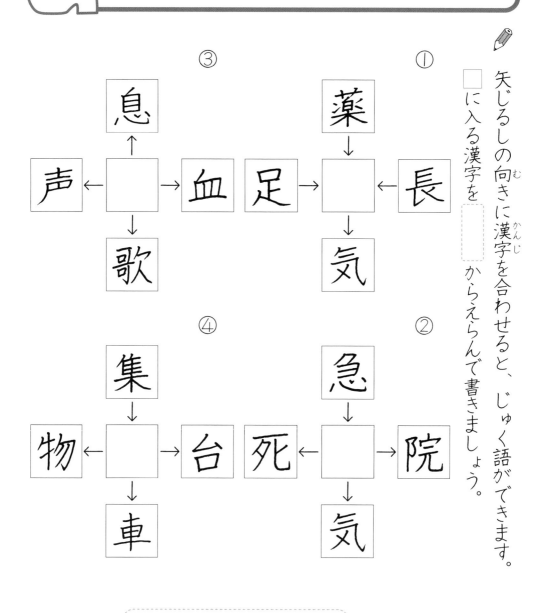

37 じゅく語づくり ③

矢じるしの向《む》きに漢字《かんじ》を合わせると、じゅく語ができます。
□に入る漢字を［　］からえらんで書きましょう。

①

店→□、定→□、社→□、全→□

②

階→□、進→□、□→友、□→長

③

空→□、入→□、開→□、□→町

④

漢→□、□→人、□→歌、□→集

詩　港　級　員

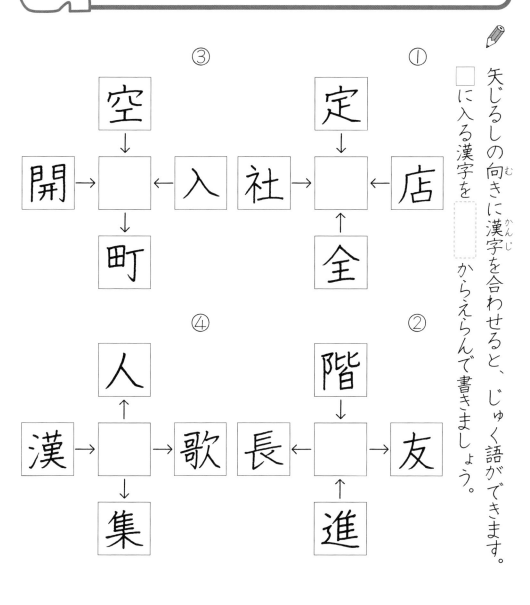

38 じゅく語づくり ④

矢じるしの向《む》きに漢字《かんじ》を合わせると、じゅく語ができます。□に入る漢字を［　］からえらんで書きましょう。

①

		式		
		↑		
神	→	□	←	仕
		↓		
		子		

②

		名		
		↑		
宿	→	□	←	問
		↑		
		出		

③

		絵		
		↑		
軽	→	□	←	石
		↓		
		紙		

④

		雨		
		↓		
遊	→	□	←	道
		↓		
		合		

油　具　様　題

39 じゅく語づくり ⑤

矢じるしの向《む》きに漢字《かんじ》を合わせると、じゅく語ができます。
□に入る漢字を［　］からえらんで書きましょう。

①

	外	
	↑	
等 →	□	← 記
	↑	
	番	

②

	予	
	↓	
実 →	□	← 学
	↓	
	字	

③

	黄	
	↓	
色 ←	□	← 新
	↓	
	茶	

④

	世	
	↓	
金 ←	□	→ 表
	↓	
	打	

代　号　習　緑

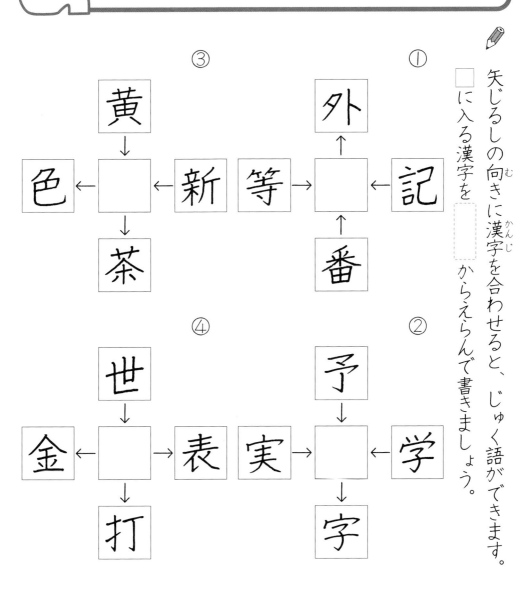

40 送りがな ①

月　日

次《つぎ》の送《おく》りがなで、正しい方を□に書きましょう。

① めだかを｛育てる／育る｝□

② へやの中は｛温かい／温い｝□

③ 山に｛登ぼる／登る｝□

④ うれしさを｛表す／表わす｝□

⑤ たなの本を｛整のえる／整える｝□

⑥ きょうは｛幸せ／幸わせ｝□

⑦ 王様に｛仕える／仕る｝□

⑧ はり金を｛曲る／曲げる｝□

41 送りがな ②

月　日

次《つぎ》の漢字《かんじ》をなぞり、送《おく》りがなを書きましょう。

①くらい　暗
②かえす　返
③おちる　落
④うける　受
⑤きわめる　究
⑥おきる　起
⑦およぐ　泳
⑧まもる　守
⑨はじまる　始
⑩ひろう　拾
⑪ながれる　流
⑫あつまる　集

42 送りがな ③

月　日

「進む」ということばを、それぞれの文に合う形にかえて書きましょう。

① ここから先へ（進ま）ないでください。

② あすまでに、ここまで（　　）たい。

③ 予定《よてい》通《どお》り（　　）ことができる。

④ あの角まで（　　）ば、目じるしのかん板《ばん》が見えます。

⑤ さあ、がんばってゴール目指《めざ》して（　　）う。

⑥ よく、ここまで（　　）だね。

⑦ 止まらずに前へ（　　）！〔命《めい》れいの言い方〕

43 送りがな ④

次《つぎ》の□のことばを、それぞれの文に合う形にかえて書きましょう。

① 乗《の》る
ひこうきに（　　）たいです。

② 注《そそ》ぐ
水をコップに（　　）ましょう。

③ 運《はこ》ぶ
重《おも》いので気をつけて（　　）う。

④ 遊《あそ》ぶ
みんなで（　　）ば、楽しいよ。

⑤ 使《つか》う
このボールは、（　　）ないでね。

⑥ 死《し》ぬ
かっていた鳥が（　　）でしまった。

⑦ 急《いそ》ぐ
もっと（　　）！
間《ま》に合《あ》わないぞ。
〔命《めい》れいの言い方〕

44 送りがな ⑤

――のことばを漢字《かんじ》と送《おく》りがなで書きましょう。同じ漢字を使います。

①
せきにんをおう
しあいにまける

②
ドアがあく
店をひらく

③
しあわせな人生
ふこう中のさいわい

④
体がおもい
お皿《さら》をかさねる

⑤
服《ふく》をきる
家につく

⑥
くるしい時の神《かみ》だのみ
にがい薬《くすり》

⑦
火がきえる
火をけす

⑧
夏休みがおわる
旅《たび》をおえる

月　日

45 漢字のしりとり ①

しりとりになるように、□に当てはまる漢字《かんじ》を書きましょう。

① □《よう》楽《がく》 → 楽《がく》□《や》 → 屋《や》□《たい》 → 台《だい》□《けい》

② □《がく》童《どう》 → □《どう》顔《がん》 → □《がん》面《めん》 → □《めん》会《かい》

③ 全《ぜん》□《ぶ》 → 部《ぶ》□《ひん》 → 品《ひん》□《こう》 → 行《こう》□《どう》

④ □《べん》強《きょう》 → □《きょう》化《か》 → □《か》学《がく》 → 学《がく》□《しゃ》

⑤ □《どう》路《ろ》 → □《ろ》地《じ》 → □《ち》球《きゅう》 → □《きゅう》根《こん》

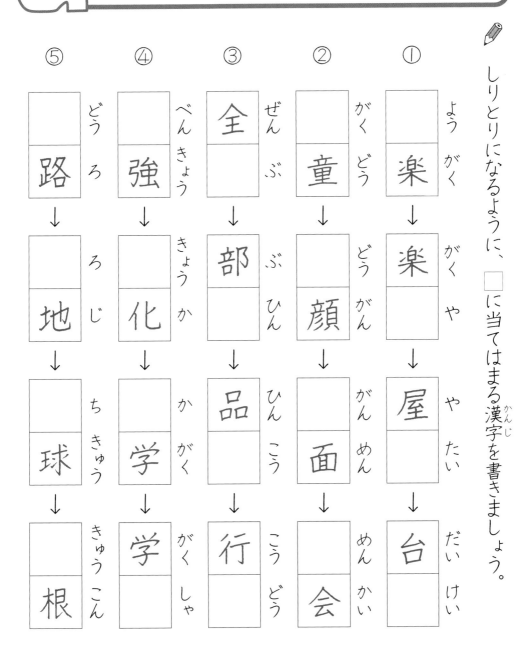

月　日

46 漢字のしりとり ②

しりとりになるように、□にあてはまる漢字《かんじ》を書きましょう。

①
□《はん》対《たい》 → □《たい》談《だん》 → □《だん》話《わ》 → 話《わ》□《だい》

②
平《へい》□《わ》 → 和《わ》□《ふく》 → 服《ふく》□《やく》 → 薬《やっ》□《きょく》

③
□《しゃ》生《せい》 → □《せい》物《ぶつ》 → □《ぶつ》理《り》 → 理《り》□《そう》

④
□《けっ》定《てい》 → □《てい》食《しょく》 → 食《しょく》□《じ》 → 事《じ》□《じつ》

⑤
□《れっ》車《しゃ》 → 車《しゃ》□《りょう》 → 両《りょう》□《て》 → 手《て》□《そう》

47 漢字のしりとり ③

しりとりになるように、□にあてはまる漢字《かんじ》を書きましょう。

①
□《あく》役《やく》 → □《やく》所《しょ》 → □《しょ》持《じ》 → □《じ》病《びょう》

②
□《びょう》院《いん》 → □《いん》長《ちょう》 → □《ちょう》身《しん》 → □《み》軽《がる》

③
運《うん》□《めい》 → 命《めい》□《めい》 → 名《めい》□《い》 → 医《い》□《しゃ》

④
体《たい》□《おん》 → 温《おん》□《ど》 → 度《ど》□《すう》 → 数《すう》□《しき》

⑤
式《しき》□《じ》 → 次《じ》□《せ》代《だい》 → □《だい》金《きん》 → 金《きん》□《こ》

月　日

48 漢字のしりとり ④

しりとりになるように、□にあてはまる漢字《かんじ》を書きましょう。

①
□《ま》横《よこ》
↓
□《おう》着《ちゃく》
↓
□《き》物《もの》
↓
□《ぶっ》品《ぴん》

②
意《い》□《み》
↓
味《み》□《かた》
↓
方《ほう》□《こう》
↓
向《こう》□《じょう》心《しん》

③
□《しょ》有《ゆう》
↓
□《あり》様《さま》
↓
□《よう》子《す》
↓
子《し》□《よう》

④
□《し》集《しゅう》
↓
□《しゅう》落《らく》
↓
□《らく》第《だい》
↓
□《だい》一《いち》□《ごう》

⑤
□《さむ》気《け》
↓
□《き》短《みじか》
↓
□《たん》期《き》
↓
□《き》待《たい》

月　日

49 同じ読みの漢字

次の読み方の漢字《かんじ》を書きましょう。

① きょくちょう

□□の役《やく》につく。

やさしい□□の歌。

② しょうか

□□のよい食《た》べ物《もの》。

火事《かじ》にそなえて□□のくん練《れん》をする。

③ かいてん

パン屋《や》が□□した。

歯車《はぐるま》が□□する。

④ しんちょう

□□をはかる。

洋服《ようふく》を□□する。

50 なかまのことば

次《つぎ》の□にあてはまる漢字《かんじ》を書きましょう。

①

犬やねこは、動物《どうぶつ》。

草や木は□□《しょくぶつ》。

②

□《きょ》年《ねん》は、二年生。

今年《ことし》は、三年生。

□《らい》年は、四年生。

③

一学期《がっき》の終業式《しゅうぎょうしき》。

二学期の□□□《しぎょうしき》。

④

一時間に進《すす》むきょり、時速《じそく》六〇キロメートル。

一分間に進むきょり□□《ふんそく》一キロメートル。

一秒間《いちびょうかん》に進むきょり□□《びょうそく》一七メートル。

⑤

日本の工業《こうぎょう》、□□《のうぎょう》□□《しょうぎょう》

月　日

51 反対の意味の漢字 ①

反対《はんたい》のことばを［　］からえらんで書きましょう。

① 明るい ↔ □

② 始《はじ》まる ↔ □

③ 軽《かる》い ↔ □

④ 生きる ↔ □

⑤ 長い ↔ □

⑥ 勝《か》つ ↔ □

⑦ 来る ↔ □

⑧ 楽しい ↔ □

⑨ 和《わ》 ↔ □

⑩ 発《はつ》 ↔ □

重《おも》い　負《ま》ける　終《お》わる　苦《くる》しい　死《し》ぬ　暗《くら》い　短《みじか》い　去《さ》る　洋《よう》　着《ちゃく》

52 反対の意味の漢字 ②

反対《はんたい》のことばを□からえらんだ漢字《かんじ》を使《つか》って書きましょう。

① 下校 ↔ □校

② 重度《じゅうど》 ↔ □□

③ 上流《じょうりゅう》 ↔ □□

④ 出港《しゅっこう》 ↔ □□

⑤ ふく習 ↔ □□

⑥ 暑中見まい《しょちゅう》 ↔ □□見まい

⑦ 心配《しんぱい》 ↔ □心

⑧ たて書き ↔ □□き

⑨ 下車 ↔ □□

⑩ 全体《ぜんたい》 ↔ □分

乗《じょう》　横《よこ》　寒《かん》　部《ぶ》　入　登《とう》　安《あん》　予《よ》　軽《けい》　下

月　日

53 形がにている漢字 ①

次の□にあてはまる漢字《かんじ》を書きましょう。

①
文《ぶん》□《しょう》
□《い》見《けん》

②
□《あき》風《かぜ》
十《じゅう》□《びょう》間《かん》

③
□《じ》分《ぶん》
ため□《いき》

④
感《かん》□《そう》
□《そう》談《だん》

⑤
□《とう》手《しゅ》
□《やく》所《しょ》

⑥
毛《け》□《がわ》
□《なみ》風《かぜ》

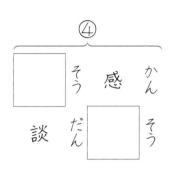

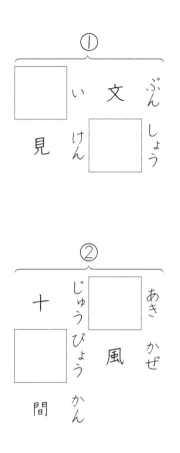

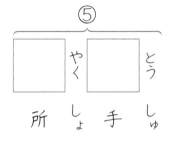

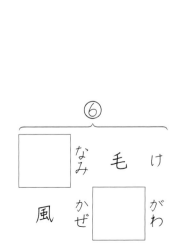

月　日

54 形がにている漢字 ②

次の□にあてはまる漢字を書きましょう。

①

□《く》切《ぎ》り

歯科《しか》□《い》

②

お□《きゃく》様《さま》

お□《みや》様《さま》

③

星《ほし》□《ぞら》

研《けん》□《きゅう》

④

□《じゅう》所《しょ》

電《でん》□《ちゅう》

□《ちゅう》目《もく》

⑤

足《あし》□《ゆ》

太《たい》□《よう》

工《こう》□《ば》

⑥

新《しん》□《ぶん》

□《かい》発《はつ》

□《もん》題《だい》

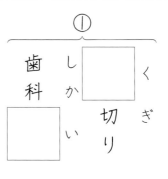

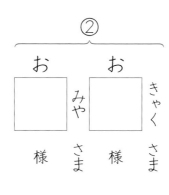

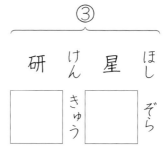

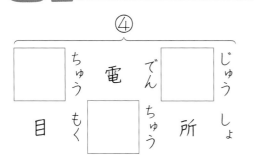

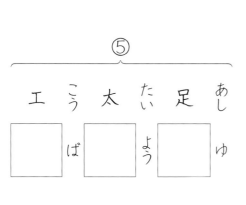

月　　日

55 部首 ①

同じ部首《ぶしゅ》をもつ漢字《かんじ》を□からえらんで書きましょう。

① 言 ごんべん …

② 氵 さんずい …

③ ⺮ たけかんむり …

④ 辶 しんにょう …

⑤ 亻 にんべん …

第　送　他　温　箱
談　調　運　倍　仕
進　深　笛　詩　波

56 部首　②

同じ部首《ぶしゅ》をもつ漢字《かんじ》を［　］からえらんで書きましょう。

① 宀 うかんむり …
② 木 きへん …
③ 扌 てへん …
④ 心 こころ …
⑤ ネ しめすへん …

宿　指　悪　礼　橋
福　拾　定　様　悲
神　宮　打　根　感

57 漢字 ①

□に当てはまる漢字《かんじ》を書き、文を作りましょう。

① □《さむ》さで□《みずうみ》がこおる。

② □□《きりつ》、□《れい》、□《ちゃく》せき。

③ □《えき》の□□《ちゅうおう》の□《かい》だん。

④ □《はこ》を□《あ》けると□《ぎん》の□《さら》が□《はい》っていた。

⑤ 山中さんが、□□《がっきゅう》の□□□□《だいひょういいん》にえらばれた。

月　日

58 漢字　②

□に当てはまる漢字《かんじ》を書き、文を作りましょう。

① □《みじか》い□□《ぶんしょう》を□□《ちょうめん》に□《か》き□《うつ》す。

② □《はたけ》の□□《さぎょう》に□□《ちょうど》よい□□《ぐあい》。

③ □《むかし》は、□《すみ》で火を□《お》こした。

④ □□□□《しょうわじだい》の□□《びじん》。

⑤ □□《きゅうしゅう》の、□《みや》崎《ざき》□《けん》。

月　日

59 漢字 ③

□に当てはまる漢字《かんじ》を書き、文を作りましょう。

① □《ひつじ》を□《はな》って□□《じゆう》に□《あそ》ばせる。

② □□《とうしん》大の□□《しゃしん》パネル。

③ 救□□《きゅうきゅうしゃ》がおくれたら、□《いのち》は□《たす》からなかった。

④ □□□《としょかん》で本の□約□《よやくもう》しこみ□付中《うけつけちゅう》。

⑤ 川の□《りょう》がわの□《きし》に、花の□□《きゅうこん》が□《う》えられた。

60 漢字 ④

月　日

□に当てはまる漢字《かんじ》を書き、文を作りましょう。

① □□《こうてい》で、□《お》いかけっこをしていたら□《ころ》んでしまった。

② □□《ゆうめい》な□□《いしゃ》の□□《けんきゅう》。

③ かっていた犬が□《し》んでしまって□《かな》しい。

④ □《たま》を□《う》つ、□《な》げるの□《やく》を□□《こうたい》した。

⑤ □□《かぞく》には、□《ふか》いつながりがある。

月　日

61 ご石をのんだ八っちゃん①

今までくやしがっていたぼくは急《きゅう》にかなしくなった。おかあさんの顔がまっさおで、手がぶるぶるぶるふるえて、八《や》っちゃんの顔がまっかで、ちっとも八っちゃんの顔みたいでないのを見たら、ひとりぼっちになってしまったようで、がまんのしようもなくなみだが出た。

おかあさんはぼくがべそをかき始《はじ》めたのに気もつかないで、むちゅうになって八っちゃんの世話《せわ》をしていなさった。ばあやはひざをついたなりでのぞきこむように、おかあさんと八っちゃんの顔とのくっつき合っているのを見おろしていた。

（有島武郎《ありしまたけお》／青空文庫）

①〜③

① ぼくは、どんな気持《も》ちからどんな気持ちにかわりましたか。

（　　　　）↓（　　　　）

② おかあさんと八っちゃんは、それぞれどんな顔でしたか。

おかあさん

顔が（　　　　）

八っちゃん

顔が（　　　　）

③ ぼくは、なぜなみだが出たのでしょう。

（　　　　　　　　）

62 ご石をのんだ八ちゃん②

ぼくがしくしくとないているのに気がつくと、

「まあ にいさんも弱虫ね」

と言いながらおかあさんもなき出しなさった。それだのになくのをぼくにかくしてなかないようなふうをなさるんだ。

「にいさんないてなんぞいないで、おざぶとんをここに一つ持《も》って来てちょうだい。」

とおっしゃった。ぼくはおかあさんがなくので、なくのをかくすので、なお八《や》っちゃんが死《し》ぬんではないかと㋐心配《しんぱい》になっておかあさんのおっしゃるとおりにしたら、ひょっとして八っちゃんが助《たす》かるんではないかと思って、すぐ㋑ざぶとんを取《と》りに行って来た。

① にいさんとは、だれのことですか。

（　　　　　）

② ㋐は、おかあさんのどんなようすからですか。

（　　　　　）

③ ぼくはどんなことを思って、㋑ざぶとんを取りに行きましたか。本文中に――を引きましょう。

④ おかあさんの気《き》持《も》ちはどれですか。○をつけましょう。

（　）だれか、にいさんを助けて。

（　）にいさん、わらわないで。

（　）八ちゃんを助けなきゃ。

月　　日

63 ご石をのんだ八ちゃん③

「およろこび、八《や》っちゃんがね、すっかりよくなってよ。夜中にお通《つう》じがあったから※ご石が出て来たのよ。……でも本当にこわいから、これからにいさんもご石だけはおもちゃにしないでちょうだいね。にいさん……八っちゃんが悪《わる》かった時、にいさんはないていたのね。㋐もうなかないでもいいことになったのよ。きょうこそあなたがたに一番すきなおかしをあげましょうね。さ、お起《お》き。」

といってぼくの両《りょう》わきに手を入れて、だき起こそうとなさった。ぼくはくすぐったくってたまらないから、㋑大きな声を出してあははあははとわらった。

（※ご石《いし》―いごという遊びに使う、黒と白の石。）

① ㋐とはどういうことですか。

（　　　　　　　　）

② おかあさんは、にいさんにどんなことをたのみましたか。

（　　　　　　　　）

③ ㋑のときのにいさんの気持《も》ち

㋐（　）すきなおかしをもらえるので、うれしい。

㋑（　）おかあさんにやさしくされたうれしさとてれくささ。

㋒（　）おかあさんがもうおこってないので安心した。

月　日

64 羊かいの話①

羊《ひつじ》かいは子どもでも見に行くように、自分のかっている羊のむれを見に行きました。羊なかまから見れば、この羊かいはみんなのおとうさんでした。

羊のたぐいにも、いろいろありますが、この羊かいのかっているのは、めんようというやつでして、あついも毛はわたのようにやわらかく、おまけにかわいらしい目つきをしていますす。そのわたのような毛はおり物に洋服《ようふく》におられまして、学校せいとの洋服にもなります。近ごろは洋服ばやりなものですから、ほうぼうのぼく場で羊をかうことを始《はじ》めているのです。

①〜③（島崎藤村《しまざきとうそん》「力もち」／青空文庫）

---

① 羊かいは、羊なかまから見れば、どのような人にあたりますか。

みんなの（　　　）

② この羊かいのかっている羊は、何というしゅるいですか。

（　　　）

③ かっている羊について、（　）に入ることばを書きましょう。

あつい毛は（　　　）のように

やわらかく、（　　　）

目つきを

しています。

わたのような毛は、

（　　　）におられる。

月　日

65 羊かいの話②

羊かいは自分の子どものように思う羊のたのみでありますし、それにみんなよく言うことをきくものですから、そんならあすは遠足につれて行きましょうと、羊にやくそくしました。

遠足と聞いては、羊もうれしかったのです。いずれもあすを楽しみにして、小やの中に入ってねました。

そのよく日になりますと、羊かいはやくそくどおり羊のむれをつれに来ました。

「さあ、きょうは遠足だよ。」その羊かいの声を聞くと、羊なかまは大よろこびで、「みんな、おいで」とてんでによび合いまして、そろって小やをでかけました。

---

① 羊にどんなやくそくをしましたか。

（　　　　）

② なぜ、羊かいはやくそくをしたのでしょう。二つ書きましょう。

㋐（　　　　）

㋑（　　　　）

③ 「みんな、おいで。」と言ったのは、だれですか。

㋐ 羊かい
㋑ 羊なかま
㋒ トット

（　　　　）

66 羊かいの話③

月　日

羊かいは羊をよろこばせたいばかりに、さんざんいっしょに歩き回りました。そして、少しくたぶ《び》れてきましたから、いいかげんに帰ろうとしますと、なかなか羊なかまがしょうちしません。

「おとうさん、もっと遠く、もっと（Ⓐ）。」

羊がさいそくしました。めずらしい遠足で、羊は遠く遠く行きたがりました。行けば行くほど羊のすきなやわらかい草がありました。それを食い食い進んで行った時は、まるで遠足のおべんとうが行く先に羊を待っているようでした。

「おお、あそこにもおべんとう、ここにも（Ⓑ）。」

---

① 羊かいは、なぜ、さんざんいっしょに歩き回ったのですか。

（　　　　　　　　　　）

② 「おべんとう」とは、何ですか。

（　　　　　　　　　　）

③ 「さいそく」とは、羊は何をしたがったのですか。

（　　　　　　　　　　）たがった。

④ ⒶⒷに当てはまることばを書きましょう。

Ⓐ（　　　　　　　　　　）

Ⓑ（　　　　　　　　　　）

月　日

67 幸福の王子①

「下のほうに広場がある」と幸福《こうふく》の王子は言いました。
「そこに小さなマッチ売りの少女がいる。マッチをみぞに落《お》としてしまい、全部《ぜんぶ》だめになってしまった。お金を持《も》って帰れなかったら、おとうさんが女の子をぶつだろう。だから女の子はないている。あの子はくつもくつ下もはいていないし、何も頭にかぶっていない。わたしののこっている目を取《と》り出して、あの子にやってほしい。そうすればおとうさんからぶたれないだろう。」
「もう一《ひと》ばん、あなたのところにとまりましょう。」ツバメは言いました。

①②（オスカー・ワイルド著《ちょ》／結城浩 訳《やく》 青空文庫）

① なぜ、少女はないているのですか。

（　　　　）を持って帰れなかったら、（　　　　）に（　　　　）から。

② 幸福の王子はツバメに、どんなことをたのみましたか。

たのんだこと

（　　　　）

なぜ。

（　　　　）

月　日

68 幸福の王子②

「ツバメさん、ツバメさん、小さなツバメさん。」と王子は言いました。

「私が命《めい》じたとおりにしておくれ。」

そこでツバメは王子のもうかた方の目を取り出して、下へとんでいきました。ツバメはマッチ売りの少女のところまでさっとおりて、ほうのところまでさっとおりて、ほう石《せき》を手の中にすべりこませました。

「とってもきれいなガラス玉!」

その少女は言いました。そしてわらいながら走って家に帰りました。

それからツバメは王子のところにもどりました。「あなたはもう何も見えなくなりました。」とツバメは言いました。

「（　㋐　）、ずっとあなたといっしょにいることにします」

---

① 王子の目を、ほかのことばで表しています。二つ書きましょう。

（　　　　）（　　　　）

② 王子のもう一方の目もすでになくなっていたことは、ツバメのどの言葉からわかりますか。

（　　　　）

③ （　㋐　）に入ることばをえらんで書きましょう。

（　　　　）

だから　　しかし　　つまり

69 雪だるま①

お日さまがしずみました。すると、青い空に、まんまるい大きなお月さまが、明るく、美《うつく》しくのぼりました。

「こんどはまた、㋐あんなちがったほうから出てきたぞ。」

と、雪だるまが言いました。雪だるまは、また出てきたのが、お日さまだと思ったのでした。

「でも、いいや。あいつが、ぼくをギラギラにらむのだけは、やめさしてやったぞ。ああして、あんな高いとこにぶらさがって、光ってるんなら光っているがいい。おかげで、ぼくは、自分のからだがよく見えるというもんだ。」

①②（ハンス・クリスチャン・アンデルセン著《ちょ》
矢崎源九郎訳《やく》／青空文庫）

① ㋐——とは、何ですか。文を書きぬきましょう。

（ま　　　　　　　　　　　）

② 雪だるまは、あいつのことを何と思っているのですか。

（　　　　　　　　　　　）

③ 雪だるまは、あいつのことをどんなふうに思っていますか。合うものに○をつけましょう。

㋐（　）こわい。
㋑（　）友だちになりたい。
㋒（　）負《ま》けたくない。

70 雪だるま②

一日じゅう、雪だるまはそこに立って、まどごしにへやの中をのぞきこんでいました。あたりがうす暗《ぐら》くなると、へやの中は、ますます楽しそうに見えてきて、雪だるまの心は、もっともっとそこにひきつけられました。ストーブからは、たいそうやわらかな光がさしていました。それは、お月さまの光ともちがいますし、お日さまの光ともちがっていました。本当に、それは、ストーブの中に何かが入っているとき、ストーブだけが出すことのできる光でした。ドアが開《ひら》かれると、そのたびに、ほのおがさっと外に出てきました。それは、ストーブの持っている、いつものくせだったのです。

---

① そことそこは同じ場所《ばしょ》を指《さ》していますか。

㋐（　）同じ

㋑（　）ちがう

② そこは、どこを指していますか。

（　　　　）

③ それとそれは、同じものを指していますか。

㋐（　）同じ

㋑（　）ちがう

④ それは、何を指していますか。

（ストーブからの　　　　）

⑤ いつものくせとは何ですか。文中に―を引きましょう。

月　日

71 カップめん３分のひみつ

㋐カップめんは、その多くがねっ湯を注《そそ》いで三分間待《ま》って食べるようになっています。

お湯を注いでから一分で食べられるカップめんを作ることもできるのですが、あえて三分にしているそうです。なぜでしょうか。

それは、人間の心理（気持《きも》ち）を考えたからです。カップめんにお湯を注ぎ、でき上がりを待つときに、食べたいという気持ちが一番高まるのが三分だそうです。

一分では食べたい気持ちが高まる時間が少ないために、十分においしさを感じられません。㋐、四分、五分では長すぎてしまいます。㋑、多くのカップめんは三分になっています。

---

① ㋐のようになっているのは、なぜですか。（　）にことばを入れて答えましょう。

できあがりを待つときに、（　　　）という気持ちが一番（　　　）のが（　　　）分という、人間の（　　　）を考えたから。

② ㋐、㋑に当てはまることばをえらんで、書きましょう。

㋐（　　　）　㋑（　　　）

しかし　それから　だから　そして

72 カはなぜ人をさすのか？

だれでも、カにさされて血《ち》をすわれたことがあるでしょう。

なぜ、カは人をさすのでしょうか。

カはオスもメスも、ふだんは花のみつをなめて生活しています。人間の血をすうのはメスだけです。

カのメスが血をすうようになるのは、たまごを生む前です。メスはたまごを生む数日前になると、人間の血をすいに来ます。

これは、血にふくまれているたんぱくしつというえいようが、たまごの発育《はついく》のためにひつようだからです。子育《こそだ》てのために、メスのカはしかたなく人間の血をすいにくるのです。ちなみにカは一回血をすうと、体重《たいじゅう》が二、三倍《ばい》になるそうです。

---

① カは、ふだん何をなめて生活していますか。

（　　　　）

② カのメスが、血をすいに来るのはいつですか。また、それはなぜですか。

・いつ（　　　　）

・なぜ

（　　　　）にふくまれている（　　　　）というえいようが、たまごの（　　　　）のためにひつようだから。

月　日

73 カブトムシの角

カブトムシのオスには、りっぱな角があります。なぜ、オスには角があるのでしょうか。

カブトムシは、木から出るあまいしるをえさにしています。あまいしるの出るいい場所《ばしょ》をめぐって、オスどうしはたたかいます。

角をひくくして、相手《あいて》の体の下に入れます。そして、グイッと持《も》ち上げて、相手をはねとばそうとします。オスの角は、たたかうためにあるのです。

メスの一番の仕事《しごと》は、たまごを生むことです。強くて大きなオスと出会うことが何よりも大事《だいじ》で、けんかなどをしていては、いいたまごが生めなくなってしまいます。

① カブトムシは、何をえさにしていますか。

（　　　　　）

② オスどうしは、何をめぐってたたかいますか。

（　　　　　）

③ オスは、どのようにたたかうかを書いている文に、線を引きましょう。

④ メスには、なぜ角がないか考えられる理由を書きましょう。

（　　　　　）をしていてはいいたまごが生めなくなってしまうから。

月　日

74 コアラはなぜ長い時間ねむるのか

1 オーストラリアにすむコアラは、かわいくて人気のある動物《どうぶつ》です。そのコアラは、動物の中でも一番長くねむると言われています。

2 それはなぜでしょうか。

3 コアラはⒶユーカリの葉《は》を食べて生きています。ユーカリの葉はえいようがほとんどなく、どくをふくんでいるため、他《ほか》の動物にえさを取《と》られる心配《しんぱい》がありません。

4 しかし、どくを分かいして、少ないえいようを取り入れるために、二mもあるちょうで多くのエネルギーを使《つか》います。そのため、体力をあまり使わないようにしています。

5 だから、コアラは一日に一八時間から二〇時間もねむるそうです。

---

① 次《つぎ》の内ようは、文章《ぶんしょう》の1～5のどれですか。番号《ばんごう》で答えましょう。

・コアラのせつ明…□

・問《と》い…□　・理由《りゆう》…□□

・問いの答え…□

② Ⓐ――は、どんな葉ですか。

（　　　　）

③ Ⓐ――をえさにすると都合《つごう》がいいことを（　）に書きましょう。

・他の動物に（　　　　）

心配が（　　　　）。

月　日

75 たこやきができたのは

大阪《おおさか》の食べ物《もの》と言えば、たこやきを思いうかべる人が多いでしょう。実《じつ》は、たこやきは、兵庫県《ひょうごけん》の明石《あかし》市でできたものなのです。

大阪のたこやきは、昔《むかし》「ラジオやき」と言われていました。これは、水でといた小麦《こむぎ》こに、ねぎ、しょうが、こんにゃく、キャベツ、牛肉のミンチなどが入っていました。

ラジオやきがたこやきとなったのは、牛肉のねだんが上がったからです。ラジオやきのねだんを上げなければならないとこまっていたら、「明石やきではたこを入れているよ。」と教えてくれた人がいたのです。

実さいにたこを入れてみると、味《あじ》もよく、人気の食べ物となりました。

---

① 大阪のたこやきは、昔は何と言われていましたか。

（　　　　　　）

② ①が「たこやき」となったわけを答えましょう。

ラジオやきに入っていた（　　　）のねだんが上がり、（　　　）に入れている（　　　）を入れてみると、（　　　）もよく、人気の食べ物となった。

月　日

76「でたらめ」は何からできた？

1「でたらめ」という言葉《ことば》を知っていますか。あてにならないことという意味ですが、もともと何からできた言葉でしょうか。

2それは、サイコロからきています。サイコロでゲーム等《など》をしていると、自分の出したい目が出たらいいのにとみんなが思います。しかし、サイコロの目は六つあるので、出したい目が出るとはかぎりません。

3（ア）、サイコロの目の出方はあてにならないもので、運《うん》まかせなのです。そのようなことから「でたらめ」というようになりました。

4（イ）、「でたらめ」を漢字《かんじ》で「出鱈目」と書きますが、魚のたらとは全《まった》く関係《かんけい》がありません。

---

① 「でたらめ」とは、どんな意味ですか。

（　　　　）

② 次《つぎ》の内《ない》ようは文章《ぶんしょう》の1～4のどれですか。番号《ばんごう》で答えましょう。

問《と》いかけ・・・　□

問いの答え・・・　□

③ （ア）（イ）に入る言葉をからえらんで書きましょう。

しかし　また　つまり　だから

㋐（　　　）　㋑（　　　）

月　日

77 一番多くたまごを生む魚

Ⓐイクラのおすしはすきですか。イクラは、サケのたまごです。サケは二千こから、三千このたまごを生みます。

（ア）Ⓑ一番たくさんたまごを生む魚を知っていますか。

（イ）、マンボウです。大きいマンボウは体長三m、体重《たいじゅう》二トンいじょうありますが、何と三おくこいじょうのたまごを生むと言われています。

（ウ）、Ⓒ海はマンボウだらけにはなりません。

マンボウのたまごやち魚《ぎょ》は、他《ほか》の魚に食べられたり、えさにありつけなかったりして、ほとんどが死《し》んでしまうからです。おとなのマンボウになるのは、二ひきぐらいだと言われています。

---

① Ⓐと Ⓑのどちらが、この文章《ぶんしょう》の問《と》いかけの文になっていますか。

（　　）

② マンボウは、どれくらいたまごを生みますか。

（　　）

③ Ⓒは、なぜですか。本文中に――を引きましょう。

④ （ア）〜（ウ）に入ることばを［　］からえらびましょう。

（ア）（　　）　（イ）（　　）　（ウ）（　　）

［しかし　それは　では］

月　日

78 犬がしっぽをふる時は？

㋐犬がしっぽをふるすがたはかわいいです。しっぽをふるのはうれしいからだと言われますが、いつも、そうではありません。犬は目の前にいるものが気になるとしっぽをふります。

かい主《ぬし》がさん歩《ぽ》につれて行こうとした時や、知っている人が近づいて来た時にしっぽをふっていれば、それは㋑うれしさのあらわれです。

しかし、あやしい人や知らない人が近づいて来たりする場合にも、犬はしっぽをふります。

耳がピンと立ち、体重《たいじゅう》を前足にかけて、しっぽをふっている時は、㋒犬が用心している時ですから、そばに行かないほうがいいのです。

① ㋐は、どんな時ですか。

（　　　　）

② ㋑として、犬がしっぽをふっているのは、どんな時ですか。

（　　　　）時や（　　　　）時。

③ ㋒として、しっぽをふるいがいのどんな様子《ようす》でわかりますか。二つ書きましょう。

（　　　　）（　　　　）

月　日

79 凸凹は記号？漢字？

1 本等《など》を読んでいて「凸」「凹」という形を見たことはありませんか。

2 「凸」「凹」というのは、記号《きごう》でしょうか。漢字《かんじ》でしょうか。

3 実《じつ》は、「凸凹」は「でこぼこ」、「凹凸」は「おうとつ」と読む漢字です。これは、出っぱった部分《ぶぶん》とへこんだ部分がつづいている様子《ようす》を表しています。

4 「凸」は「トツ」または「でこ」と読みます。また、「凹」は「オウ」または「くぼむ」と読みます。

5 漢字なので、もちろん書きじゅんも画数もあります。きょう味《み》のある人は漢和辞典《かんわじてん》で調《しら》べてください。

---

① 次《つぎ》の読み方を書きましょう。

凸凹（　　　）

凹凸（　　　）

② ㋐㋑を上の番号《ばんごう》で書きましょう。

㋐「凸凹」「凹凸」の読み方や意味《いみ》・・・□

㋑「凸」「凹」の読み方・・・□

③ この文章《ぶんしょう》を、はじめ、中、終《お》わりの三つに分けます。どの分け方がよいか、○をつけましょう。

（　）1と2、3と4、5

（　）1、2と3と4、5

（　）1と2、3、4と5

月　日

80 食パンとよぶ理由は？

朝食に食パンを食べる家庭《かてい》はたくさんあると思います。あのパンをなぜ「食パン」と言うのでしょうか。

主《おも》な理由《りゆう》が二つあります。

一つは、「主食《しゅしょく》として食べるパン」からです。あんパン等《など》のかしパンに対《たい》して、お米のように主食になるパンなので、「主食パン」から「食パン」となったというのが一つの理由です。

もう一つは、絵をかくときに消《け》しゴムの代《か》わりに使っていた「消しパン」です。パンの白い部分《ぶぶん》を使《つか》っていました。その「消しパン」に対して、食べるパンを「食パン」とよんだからという理由です。

どちらも、もっともらしいですね。

---

① 食パンと言われるようになった理由を答えましょう。

・（　　）パンから（　　）パンとなった。

・（　　）に対して食べるパンを（　　）とよんだ。

② 次《つぎ》のことばに合うものを□からえらんで記号《きごう》で書きましょう。

・主食（　　）　・かしパン（　　）

㋐ あんパン
㋑ お米
㋒ パンの白い部分

答え

1
① キャンプ　バーベキュー
② シャツ　ボタン
③ バスケットボールクラブ
④ シーソー　ジャングルジム

2
① イタリア　ニューヨーク
② ファーブル　エジソン
③ ランドセル　バイオリン
④ ビュービュー　ニャーニャー

3
① きょうは、なわとびをします。
なかにわへ　行きましょう。
② どうぶつえんへ　行って、わにの
はを　見てごらん。
③ おとうとのおこった　かおを　見た。
④ 手をあらってから、おやつを
食べる。
⑤ おかあさんの　かわりに、
ぼくが、妹をようちえんに、
むかえに行った。

4
① とおり　どうぐ　かたづけた
② はなぢ　こおり
③ とおく　かえり
④ きのう　ずかん　おおかみ
⑤ （駅前）どおり　おおく

5
① ドーンドーン　ぐっと
② すやすや　にっこり
③ きちんと　ぴかぴか
④ どんどん

6
① ころころ
② ぽつぽつ
③ バシャバシャ
④ バタン
⑤ カシャッ
⑥ ゴロゴロ
⑦ だらだら
⑧ パチパチ

7
1
① 近道
② あま水
③ 山登り
④ 戸じまり

2
① 草＋かる
② やく＋いも
③ かぜ＋向く
④ 落ちる＋葉

8
1
① とびはねる
② 言いまちがう
③ なきさけぶ
④ 待ち受ける

2
① 消す＋止める
② 書く＋わすれる
③ ふる＋落とす
④ 打つ＋勝つ

答え

9 ① せみが、朝から　鳴いている。
② きのう、おじいちゃんは　いなかに帰りました。
③ ぼくの弟は、ダンスが　とくいだ。
④ 電気自動車は、電気で　走る　車です。
⑤ くつの　ひもが、いつのまにかほどけていた。

10 ① ゴリラは　なかまだ
② 大こう物は　ハンバーグです
③ ねったい魚が　泳いでいた
④ 家が　たった
⑤ 音が　ひびいてきた

11 ① ㋑
② ㋑ ㋒
③ ㋑ ㋒
④ ㋐
⑤ ㋐ ㋑

12 ① 図書館に
② サッカークラブの
③ みごとな
④ あまくて　おいしい
⑤ 小さな　赤い

13 ① それで
② しかし
③ それとも
④ しかも
⑤ すると

14 ① しかも
② それとも
③ だから
④ けれども
⑤ それから

15 ① あの
② ここ
③ それ
④ どこ
⑤ そんな

16 ① すなおだ
② つり橋
③ 本
④ 花
⑤ 入院する

17 ① 行きます
② そうです
③ できません
④ かけています
⑤ しれません

答え

18 1 ① 見た
② できない
③ 中学生だ
④ 行こう
2 ① 走りやすいです
② とくいです
③ すきですか
④ しましょう

19 ① ㋐
② ㋔
③ ㋓
④ ㋒
⑤ ㋑

20 1 ㋐ ぼくはひっ死で、にげる弟を追いかけた。
㋑ ぼくは、ひっ死でにげる弟を追いかけた。
2 わたしが、小さな声で
「ごめんなさい。」

と言うと、母がにっこりして、

「だいじょうぶよ。」

と言った。

21 1 ① （1） あじ
（4） はまち
（2） かつお
（3） たい
② （4） はしる
（2） かける
（1） あるく
（3） とぶ
③ （2） やね
（4） やま
（1） やど
（3） やぶ
2 ① からす
② こばん
③ ほし
④ かげ
⑤ しじん
⑥ ぼたん

22 ① ふく
② 考える
③ こまる
④ さびしい
⑤ さけぶ

23 1 ① チーズ
② じけん
③ ゆうしゅう
④ クラス
⑤ しゅうかん
⑥ へんとう
2 ① 1 はらはら
3 ぱらぱら
2 ばらばら
4 ばりばり

答え

② 2 かいがい
1 かいかい
3 がいかい
4 かいがん
③ 1 ポーズ
2 ホール
3 ボール
4 ポール

24 ① ㋕ ② ㋗
③ ㋐ ④ ㋖
⑤ ㋑ ⑥ ㋓
⑦ ㋔ ⑧ ㋒

25 ① ㋒
② ㋑ ㋔
③ ㋓ ㋕
④ ㋐
⑤ ㋖

26 ① 千・一 ㋒
② 三 ㋔
③ 七・八 ㋐
④ 百・一 ㋓
⑤ 二・一 ㋑

27 ① あり
② さる
③ くり
④ あし
⑤ さら
⑥ くすり
⑦ たこ
⑧ ぎゅうにゅう
⑨ りんご
⑩ たいこ
⑪ ぱんだ
⑫ ごりら

28 ① tukue
② gakkô
③ maturi
④ enpitu
⑤ kesigomu
⑥ ninjin
⑦ tobibako
⑧ ongaku
⑨ sinbun
⑩ yûki
⑪ tîzu
⑫ umebosi

答え

29 ① にんじゃ
② にんぎょ
③ かっぱ
④ こっぷ
⑤ ちゅうしゃ
⑥ ちょこれーと
⑦ がっきゅう
⑧ しょうぼうしゃ
⑨ きんか
⑩ せんべい
⑪ きんいろ
⑫ せんえん
⑬ こんやく
⑭ こんにゃく
⑮ てんいん

30 ① zyunban
② ryokô
③ kippu
④ kyûkyûsya
⑤ sippo
⑥ zyûsu
⑦ tyokin
⑧ irogami
⑨ syakai
⑩ Nippon
⑪ Hirosima-ken
⑫ Saitô Rika
⑬ Tabata Syô

31 ① わる（い）
あくにん
② たいいく
そだ（つ）
③ すいえい
およ（ぐ）
④ かいかい
ひら（く）
⑤ やきゅう
ちきゅう
⑥ きりつ
お（きる）
⑦ ま（がる）
きょくせん
⑧ かかりいん
（かん）けい
⑨ こううん
さいわ（い）

32 ① ぶんかさい
むらまつ（り）
② おやゆび
さ（す）
③ むしば
（えいきゅう）し
④ しゃしん
うつ（す）
⑤ じゅうしょ
す（む）
⑥ しょうか
ひけ（し）

答え

⑦ じんじゃ
めがみ
⑧ せいり
ととの（える）
⑨ あいて
てそう

33 ① だしゃ
う（つ）
② ちゃくじつ
きもの
③ たんちょう
しら（べ）
④ なかにわ
こうてい
⑤ まめ（まき）
だいず
⑥ びょうどう
ひと（しい）
⑦ しんぱい
こころくば（り）
⑧ はんたい
そ（る）
⑨ ひょうめん
あらわ（す）

34 ① しょうぶ
お（う）
② ほうすい
はな（つ）
③ めぐすり
やくそう
④ ゆうぐ
あそ（び）ば
⑤ らくよう
お（ち）ば
⑥ りゅうひょう
なが（れ）ぼし
⑦ りょくちゃ
みどりいろ
⑧ れんしゅう
ね（る）
⑨ かいてん
ころ（ぶ）

35 ① 運　② 業
③ 箱　④ 波

36 ① 湯　② 病
③ 鼻　④ 荷

37 ① 員　② 級
③ 港　④ 詩

答え

38 ① 様 ② 題
③ 油 ④ 具

39 ① 号 ② 習
③ 代 ④ 緑

40 ① 育てる ② 温かい
③ 登る ④ 表す
⑤ 整える ⑥ 幸せ
⑦ 仕える ⑧ 曲げる

41 ① 暗い ② 返す
③ 落ちる ④ 受ける
⑤ 究める ⑥ 起きる
⑦ 泳ぐ ⑧ 守る
⑨ 始まる ⑩ 拾う
⑪ 流れる ⑫ 集まる

42 ① 進ま（ないでください）
② 進み（たい）
③ 進む（ことができる）
④ 進め（ば）
⑤ 進も（う）
⑥ 進ん（だね）
⑦ 進め（！）

43 ① 乗り（たいです）
② 注ぎ（ましょう）
③ 運ぼ（う）
④ 遊べ（ば）
⑤ 使わ（ないでね）
⑥ 死ん（でしまった）
⑦ 急げ（！）

44 ① 負う
負ける
② 開く
開く
③ 幸せ
幸い
④ 重い
重ねる
⑤ 着る
着く
⑥ 苦しい
苦い
⑦ 消える
消す
⑧ 終わる
終える

45 ① 洋楽 → 楽屋 → 屋台 → 台形
② 学童 → 童顔 → 顔面 → 面会
③ 全部 → 部品 → 品行 → 行動
④ 勉強 → 強化 → 化学 → 学者
⑤ 道路 → 路地 → 地球 → 球根

46 ① 反対 → 対談 → 談話 → 話題
② 平和 → 和服 → 服薬 → 薬局
③ 写生 → 生物 → 物理 → 理想
④ 決定 → 定食 → 食事 → 事実
⑤ 列車 → 車両 → 両手 → 手相

答え

47 ① 悪役 → 役所 → 所持 → 持病
② 病院 → 院長 → 長身 → 身軽
③ 運命 → 命名 → 名医 → 医者
④ 体温 → 温度 → 度数 → 数式
⑤ 式次 → 次世代 → 代金 → 金庫

48 ① 真横 → 横着 → 着物 → 物品
② 意味 → 味方 → 方向 → 向上心
③ 所有 → 有様 → 様子 → 子葉
④ 詩集 → 集落 → 落第 → 第一号
⑤ 寒気 → 気短 → 短期 → 期待

49 ① 局長・曲調　② 消化・消火
③ 開店・回転　④ 身長・新調

50 ① 植物
② 去年　来年
③ 始業式
④ 分速　秒速
⑤ 農業　商業

51 ① 暗い
② 終わる
③ 重い
④ 死ぬ
⑤ 短い
⑥ 負ける
⑦ 去る
⑧ 苦しい
⑨ 洋
⑩ 着

52 ① 登校　② 軽度
③ 下流　④ 入港
⑤ 予習　⑥ 寒中
⑦ 安心　⑧ 横書(き)
⑨ 乗車　⑩ 部分

53 ① 文章　意見
② 秋風　十秒間
③ 自分　ため息
④ 感想　相談
⑤ 投手　役所
⑥ 毛皮　波風

54 ① 区切り　歯科医
② お客様　お宮様
③ 星空　研究
④ 住所　電柱　注目
⑤ 足湯　太陽　工場
⑥ 新聞　開発　問題

55 ① 詩　調　談
② 波　温　深
③ 箱　笛　第
④ 運　送　進
⑤ 仕　倍　他

56 ① 宿　宮　定
② 様　根　橋
③ 指　拾　打
④ 悪　悲　感
⑤ 福　神　礼

57 ① 寒（さ） 湖
② 起立 礼 着（せき）
③ 駅 中央 階（だん）
④ 箱 開（ける） 銀 皿 入（っていた）
⑤ 学級 代表委員

58 ① 短（い） 文章 帳面 書（き）写（す）
② 畑 作業 丁度 具合
③ 昔 炭 起（こした）
④ 昭和時代 美人
⑤ 九州 宮（崎）県

59 ① 羊 放（って） 自由 遊（ばせる）
② 等身（大） 写真
③ （救）急車 命 助（からなかった）
④ 図書館 予（約） 申（しこみ） 受（付中）
⑤ 両（がわ） 岸 球根 植（えられた）

60 ① 校庭 追（いかけっこ） 転（んでしまった）
② 有名 医者 研究
③ 死（んでしまって） 悲（しい）
④ 球 打（つ） 投（げる） 役 交代
⑤ 家族 深（い）

61 ① くやしい→かなしい
② おかあさん まっさお
八っちゃん まっか
③ ひとりぼっちになってしまったようだったから。

62 ① ぼく
② おかあさんがなくので、なくのをかくすので。
③ おかあさんのおっしゃるとおりにしたら、ひょっとして八っちゃんが助かるんではないかと思って
④ ㋒

63 ① 八っちゃんがすっかりよくなったから。
② ご石だけはおもちゃにしないでちょうだい。
③ ㋑

64 ① おとうさん
② めんよう
③ わた かわいらしい おり物

65 ① あすは遠足につれて行きましょう。
② ㋐ 自分の子どものように思う羊のたのみであること。
㋑ みんなよく言うことをきくから。
③ 羊なかま

答え

66 ① 羊をよろこばせたいばかりに。
② （羊のすきな）やわらかい草。
③ 遠く遠く行き
④ Ⓐ遠く　Ⓑおべんとう

67 ① お金
おとうさん
ぶたれる
② たのんだこと－わたしののこっている目を取り出して、あの子にやってほしい。
なぜ－おとうさんからぶたれないだろうから。

68 ① ほう石・ガラス玉
② 「あなたはもう何も見えなくなりました。」
③ だから

69 ① まんまるい大きなお月さま
② お日さま
③ ㋒

70 ① ㋑
② へやの中
③ ㋐
④ ストーブからのたいそうやわらかな光
⑤ ドアが開かれると、そのたびに、ほのおがさっと外に出てきました。

71 ① 食べたい　高まる　三
心理
② ㋐ しかし　㋑ だから

72 ① 花のみつ
② いつ－たまごを生む（数日）前
なぜ－血
たんぱくしつ
発育

73 ① 木から出るあまいしる
② あまい　しるの出る　いい場所
③ 角をひくくして、相手の体の下に入れます。そして、グイッと持ち上げて、相手をはねとばそうとします。
④ けんか

74 ① コアラのせつ明　…1
問い　…2
理由　…3 4
問いの答え　…5
② えいようがほとんどなく、どくをふくんでいる。
③ えさを取られる・ない

75 ① ラジオやき
② 牛肉　明石やき　たこ　味

76 ① あてにならないこと
② 問いかけ－1
問いの答え－2 3
③ ㋐ つまり　㋑ また

答え

77 ① Ⓑ　② 三おくこいじょう

③ マンボウのたまごやち魚は、他の魚に食べられたり、えさにありつけなかったりして、ほとんどが死んでしまうから。

④ ㋐ では　㋑ それは　㋒ しかし

78 ① 目の前のものが気になる時

② ・かい主がさん歩につれて行こうとした時
・知っている人が近づいてきた時

③ ・耳がピンと立っている
・体重を前足にかけている

79 ① 凸凹－でこぼこ　凹凸－おうとつ

② ㋐・[3]　㋑・[4]

③ [1]と[2]、[3]と[4]、[5]

80 ① ・主食パン　食パン
・消しパン　食パン

② 主食　㋑
かしパン　㋐